Sebastian Bröder

# Du verstehst mich nicht!

## Wie Kinder lernen mit Gefühlen umzugehen

mobile

# Inhalt

**Mit unangenehmen Gefühlen zurechtzukommen, fällt nicht nur Kindern schwer**

# Experte in Sachen Gefühle

## Was emotionale Intelligenz ist und warum wir sie brauchen

*Jonas ist aufgeregt. Gestern haben ihm seine Eltern eine Armbanduhr geschenkt, und heute wird er sie der Erzieherin und den anderen Kindern im Kindergarten zeigen. Jonas ist stolz auf seine Uhr, er hat extra den linken Ärmel hochgekrempelt, damit man sie sofort sieht. Zwar kann er die Zeit noch nicht richtig ablesen, aber er weiß: Wenn beide Zeiger nach oben weisen, holt mich Mama ab.*

*Doch am Mittag weint Jonas. „Was ist los?", fragt seine Mutter. „Ich bin traurig, weil der Max gemein zu mir war. Er hat gesagt, meine Uhr sieht blöd aus, und er hat auch gar nicht mit mir gespielt". Nachdem Jonas sich ein wenig beruhigt hat, sagt er: „Ich glaube, Max findet meine Uhr gar nicht blöd. Er sagt nur, dass er sie blöd findet, damit er mich ärgern kann." Am nächsten Tag spielen Jonas und Max wieder miteinander. Jonas hat Max gefragt, ob er seine Uhr auch mal eine Zeit lang tragen möchte …*

Mit den Gefühlen ist das so eine Sache. Jeder hat sie, doch sie in Worte zu fassen, fällt selbst Erwachsenen schwer. Gefühle kann man weder sehen noch anfassen, sie sind einfach da. Manchmal übermannen sie uns regelrecht. Bei guten Gefühlen ist das schön: Es fühlt sich herrlich an, von einer Welle Liebe oder Freude überrollt zu werden. Aber unangenehme Gefühle wie Wut, Angst oder Trauer passen uns gar nicht in den Kram. Sie bremsen uns aus, lähmen sogar manchmal, stehen unserem Glück im Weg.

Gefühle sind widersprüchlich, und sie können sehr mächtig sein, nicht nur für den, der sie hat. Wenn ein Kind in der Kita einen Wutanfall bekommt, sind auch die anderen Kinder verunsichert. Und wenn Max sieht, wie sein Freund Jonas in der Kindergartengruppe stolz seine neue Uhr herumzeigt, wie diese von der Erzieherin und den anderen Kindern

Emotionale Beziehungen zu knüpfen, tut Kindern gut

ausgiebig bewundert wird, dann wird er von einem Gefühl ergriffen, das wir Erwachsene Neid nennen oder Eifersucht, das für Max aber einfach nur dies bedeutet: Jonas ist blöd und seine Uhr erst recht.
Jonas hat das im Gespräch mit seiner Mutter durchschaut. Er ahnt, weshalb Max seine Uhr blöd findet und warum er mit ihm an diesem Tag nicht spielen wollte. Mehr noch: Jonas hat eine Idee, wie er Max' schlechte Gefühle mildern und seine Freundschaft zurückgewinnen kann (er leiht ihm seine Uhr). Und schließlich zeigt das Beispiel auch, dass Jonas über seine eigenen Gefühle schon viel weiß. Er kann seiner Mutter konkret sagen, weshalb er weint: „Ich bin traurig, weil …". All das sind Anzeichen für eine hohe emotionale Intelligenz.

**Sich mit anderen freuen zu können ist ebenso wichtig, wie Verständnis für deren Sorgen zu haben. Beides gehört zu den sozialen Kompetenzen, die für unser Zusammenleben mit anderen Menschen unverzichtbar sind.**

## In fünf Schritten zum Gefühls-Kenner

Zugegeben, über den Begriff „emotionale Intelligenz" kann man sich streiten. Emotionen und Intelligenz sind ja auf den ersten Blick etwas völlig Gegensätzliches: Gefühle kommen aus dem Bauch, für die Intelligenz ist der Kopf zuständig, und man mag sich fragen: Was hat das eine mit dem anderen zu tun? Außerdem schwingt beim Wort „Intelligenz" auch eine Spur Leistungsdruck mit. Höher, schneller, weiter: Sollen unsere Kinder jetzt auch noch ihre Gefühle optimieren?
Nein, es geht um das *Verstehen* von Gefühlen. Emotionale Intelligenz bedeutet, dass man Zugang zu ihnen hat und sinnvoll mit ihnen umgehen kann – mit seinen eigenen und mit denen seiner Mitmenschen. Und auch wenn der Begriff möglicherweise etwas missverständlich ist, so sind sich Pädagogen und Psychologen doch einig, dass etwas sehr Wertvolles gemeint ist. Emotionale Intelligenz ist nicht weniger als eine der wichtigsten Voraussetzungen für ein erfülltes, glückliches Leben. Der US-amerikanische Psychologe Daniel Goleman erklärt in seinem Bestseller „EQ – Emotionale Intelligenz", dass sich diese Fähigkeit in fünf Elemente unterteilen lässt, die aufeinander aufbauen. Die ersten drei Elemente haben mit den eigenen Gefühlen zu tun, die letzten beiden mit den Gefühlen anderer:

## 1. Die eigenen Emotionen kennen

„Ich bin traurig“, sagt Jonas, und das ist ausgesprochen klug. Er versteht sich selbst, er weiß, welches Gefühl ihm gerade das Leben schwer macht, kann es einordnen, hat sogar einen Namen dafür. Die eigenen Gefühle zu erkennen, und zwar in dem Moment, in dem sie auftreten, bezeichnet Goleman als Grundlage der emotionalen Intelligenz. Diese Fähigkeit ist also die Voraussetzung für die weiteren Bausteine.

## 2. Emotionen handhaben

Damit ist das Vermögen gemeint, mit seinen Gefühlen angemessen umgehen zu können, um ihnen nicht hilflos ausgeliefert zu sein. Natürlich kann man Aggressionen, Trauer oder Scham nicht einfach abstellen (das wäre auch gar nicht sinnvoll). Aber man kann ihnen etwas entgegensetzen. Emotional intelligente Menschen haben zum Beispiel gelernt, sich selbst zu beruhigen, wenn sie wütend oder ängstlich sind, oder sich von einer Niederlage nicht umhauen zu lassen. Es geht aber nicht darum, Gefühle zu unterdrücken, sondern darum, sie in einer angemessenen Form „rauszulassen“, ihnen ein sozial akzeptiertes Ventil zu geben: Wer traurig ist, darf weinen; und wenn er damit fertig ist, kann er seine Trauer schon wieder viel besser aushalten. Vielleicht ist sie sogar ganz verschwunden. Emotionen handhaben bedeutet also, seine Gefühle so weit zu regulieren, dass man handlungsfähig bleibt.

> **Die Hirnforschung hat herausgefunden, dass Gefühle auch beim Lernen eine große Rolle spielen: Wenn Kinder sich wohl fühlen, erforschen sie die Welt – Angst oder Wut hemmen sie dabei.**

## 3. Emotionen in die Tat umsetzen

Das können erfolgreiche Menschen besonders gut: Ihre Gefühle in den Dienst ihrer Ziele stellen. Wer eine unangenehme Aufgabe vor sich hat, zum Beispiel sein Zimmer aufräumen muss, kann darauf emotional nämlich ganz unterschiedlich reagieren. Er kann an die blöde Arbeit denken und damit immer mehr schlechte Gefühle hochkommen lassen, die ihn mit zunehmender Sicherheit in die Passivität drängen und vom Aufräumen abhalten. Er kann aber auch an das Ergebnis denken: daran, wie schön das Zimmer nach dem Aufräumen aussehen wird, dass er dann viele Spielsachen schneller findet, wieder Platz für neue Aktivitäten hat und so weiter. Emotional intelligente Menschen können also ihren Blick auf gute Gefühle lenken, um sich selbst zu motivieren, auch unangenehmere Aufgaben anzupacken.

## 4. Empathie

Gefühle anderer zu erkennen, sie zu respektieren und nachempfinden zu können, einfühlsam zu sein und zu spüren, was ein Mitmensch sich wünscht oder braucht: Diese Fähigkeit nennt man Empathie. Sich in andere hineinzuversetzen, ist manchmal eine große Kunst, denn Gefühle werden ja nur selten explizit ausgesprochen. Oft machen sie sich nur in kleinen Verhaltensweisen, Mimik und Gesten bemerkbar. Empathische Menschen können, ohne dass es ihnen groß bewusst ist, Traurigkeit aus dem Tonfall einer Stimme heraushören oder Zorn am Zucken eines Mundwinkels ablesen. Obwohl das sehr anspruchsvoll klingt, ist

**Bist du immer noch wütend, Mama? – Kinder lernen Schritt für Schritt, sich in andere hineinzuversetzen**

eine Vorstufe dieser Fähigkeit bereits bei Säuglingen angelegt: Alle Eltern wissen zum Beispiel, dass sich ihre eigene Nervosität auf ihr Baby übertragen kann. Wenn es dann anfängt zu weinen, hat es sich sozusagen vom Gefühl seiner Eltern anstecken lassen. Auch die Tatsache, dass Babys sich erregen und mitweinen, sobald sie ein anderes Baby weinen hören, werten viele Experten als einen ersten Schritt in Richtung Empathie.

> **Der Alltag mit Kindern verlangt auch von den Eltern viel Empathie: Versuchen Sie die Welt mit den Augen Ihres Kindes zu sehen, dann können Sie emotionale Ausbrüche besser verstehen.**

### 5. Umgang mit Beziehungen

Bei sozialen Kontakten spielen Gefühle eine entscheidende Rolle. Der fünfte Baustein der emotionalen Intelligenz ist daher die Fähigkeit, mit den Gefühlen anderer Menschen umgehen zu können. Jonas beherrscht das schon erstaunlich gut: Er hat nicht nur verstanden, dass Max neidisch auf seine Uhr ist und eifersüchtig wegen der großen Aufmerksamkeit, die er in der Kindergartengruppe bekommen hat – er kann aus dieser empathischen Erkenntnis auch geschickte Handlungen ableiten. Jonas leiht Max seine Uhr. Damit hat er einen Weg gefunden, Max ein gutes Gefühl zu geben und ihre Freundschaft zu stabilisieren.
Selbstverständlich kommt kein Mensch „emotional hochintelligent“ auf die Welt. Aber man kann Kinder für den klugen Umgang mit den Emotionen Schritt für Schritt sensibilisieren. Dazu soll dieses Buch Anregungen liefern.

## Wozu ist emotionale Intelligenz gut?

Der Umgang mit eigenen Gefühlen und den Gefühlen anderer ist ein bedeutender Teil der Persönlichkeitsentwicklung. Wer mit Gefühlen umgehen kann, der …

- kann sich selbst und andere Menschen besser verstehen
- kann sich selbst helfen, wenn Wut, Trauer oder Angst ihn überwältigen
- kann leichter mit Menschen in Kontakt treten, Freundschaften knüpfen und halten
- kann Konflikte konstruktiv lösen
- verfügt über ein großes Repertoire an Strategien zum Lösen der unterschiedlichsten Probleme
- kann optimistisch und fröhlich durchs Leben gehen
- kann sich selbst motivieren und wird deshalb auch an schwierigen Aufgaben nicht so schnell scheitern
- kann mit Rückschlägen und Niederlagen leichter fertig werden
- gewinnt an Selbstständigkeit und Selbstsicherheit und traut sich, auch mal Nein zu sagen
- kann seine geistigen Fähigkeiten voll ausschöpfen
- hat beste Voraussetzungen dafür, ein glückliches Leben zu führen und im Berufsleben erfolgreich zu sein.

Als Familie zu leben bedeutet, auf die Gefühle jedes Einzelnen zu achten

# Mit gutem Beispiel voran

## Wie halten wir Eltern es eigentlich mit unseren Gefühlen?

*Luise spielt in ihrem Zimmer. Die Tür ist geschlossen, trotzdem hört sie, wie ihre Eltern nebenan reden. Ihre Stimmen klingen anders als sonst – lauter. Jetzt schreit Mama sogar, und Papa fällt ihr ins Wort. Luise überlegt, was sie machen soll. Hingehen und nachschauen? Lieber nicht stören? Sie fühlt sich gar nicht gut. Jetzt hört sie, wie die Küchentür knallt, dann die Haustür. Stille. Nach einer Weile beschließt Luise, nach dem Rechten zu sehen. Sie geht in die Küche. Dort sitzt Mama mit roten Augen am Tisch. Als sie ihre Tochter bemerkt, wischt sie sich Tränen aus dem Gesicht. „Wo ist Papa?“, fragt Luise. „Einkaufen“, antwortet ihre Mutter. „Hast du was?“, fragt Luise. „Nein, alles in Ordnung“, sagt ihre Mutter, putzt sich die Nase und lächelt. Sie lächelt zwar ein wenig anders als sonst, aber sie lächelt.*

Was am Kindererziehen manchmal etwas gemein ist: Es ist fast egal, was wir *sagen*. Entscheidend ist, was wir *tun*. Leider steht unser Tun oft im Widerspruch zu dem, was wir sagen. Das stiftet dann Verwirrung bei den Kleinen. Wir sagen zum Beispiel „Du sollst nicht lügen“ – und lassen uns am Telefon verleugnen, wenn der Chef anruft. Oder wir sagen „Du sollst nicht so viel fernsehen“ – und sitzen doch selbst viel zu lange vor der Flimmerkiste. Fakt ist: Kinder lernen von unseren Merksätzen relativ wenig, wenn wir sie nicht mit Leben füllen; Kinder lernen vor allem an unserem Verhalten. Wir sind ihre großen Vorbilder.
Das gilt natürlich auch für den Umgang mit Gefühlen. Wer sich selbst emotional intelligent verhält, bringt seinem Kind – ganz ohne erklärende Worte – schon eine Menge bei. Deshalb ist es wichtig, dass wir uns auch mit unseren eigenen Gefühlen beschäftigen. Fragen wir uns doch mal, wie es um unsere Selbstwahrnehmung steht: Ist uns eigentlich immer bewusst, wie wir uns gerade fühlen? Wie authentisch sind wir? Gehen wir angemessen mit unseren Gefühlen um? Oder sind wir oft cooler, als uns guttut?

## Hand aufs Herz: Wie authentisch sind wir?

Viele Eltern möchten ihren Kindern unangenehme Gefühle nicht zumuten. Sie fürchten, sie damit zu überfordern, und versuchen, Trauer, Sorge oder Wut zu verbergen. Das ist gut gemeint, funktioniert aber fast nie, denn Kinder haben extrem sensible Antennen für ihre Eltern. Wir können ihnen nichts vormachen, sie registrieren die Widersprüche zwischen dem Gesagten und nonverbalen Signalen. Luise zum Beispiel merkt ganz genau, dass etwas nicht stimmt, wenn sie ihre Eltern streiten hört. Und obwohl ihre Mutter sagt, es sei alles in Ordnung, spricht das, was Luise sonst noch wahrnimmt, dagegen: die lauten Stimmen, die zugeschlagene Tür, die roten Augen ihrer Mutter, die Tränen, das gespielte Lächeln. Und dieser Widerspruch verunsichert sie erst recht. Wenn sie die Verunsicherung in Worte fassen könnte, würde sie vielleicht fragen: Warum geben sich die Erwachsenen solche Mühe, ihre Gefühle zu verbergen? Sind Gefühle falsch oder peinlich? Darf man sie nicht haben?

## Auch Eltern haben Gefühle

Nicht nur Kinder dürfen (und sollen) Gefühle haben, auch Mütter und Väter. Gefühle sind niemals falsch. Falsch können höchstens die Konsequenzen sein, die wir aus den Gefühlen ziehen. Wenn wir traurig sind oder wütend oder ängstlich, merkt unser Kind das sowieso. Wir können es nicht verhindern und sollten es auch nicht verhindern wollen. Denn wie sollen unsere Kinder uns glauben, dass Gefühle zum Leben dazugehören und dass es gut ist, zu ihnen zu stehen, wenn wir sie bei uns selbst leugnen?

**Kinder zeigen uns meist ganz offen und unmissverständlich ihre aktuelle Gefühlslage**

## Glaubwürdigkeit schafft Vertrauen

Doch was hätte Luises Mutter agen können? Vielleicht dies: „Ich bin traurig, weil ich mich mit Papa gestritten habe.“ Sie hätte ihrer Tochter erklären können, dass sie aus diesem Grund gerade weinen musste, und sagen: „Das kennst du ja auch: Man streitet sich manchmal, das ist ein doofes Gefühl, aber es kommt vor. Streiten ist normal, das passiert jedem. Dann ist man eine Zeit lang traurig, und danach verträgt man sich wieder. Denn Streiten bedeutet nicht, dass man sich nicht mehr lieb hat.“ Diese offene Erklärung kann ein Kind durchaus verstehen. Sie gibt der unangenehmen Situation sogar eine positive Perspektive. Die Botschaft lautet: Es gibt traurige Momente im Leben. Das ist normal und man muss sich deshalb nicht schämen. Und es wird auch wieder gut.

## Kindgerechte Erklärungen finden

Unsere Gefühle können wir unseren Kinder zumuten. Die Gründe für unsere Gefühle hingegen sollten sie nicht bis ins kleinste Detail erfahren, denn die könnten sie tatsächlich überfordern. Das gilt vor allem für Themen, die nicht in die Lebenswirklichkeit der Kinder gehören, Themen also, die sie nicht aus eigener Erfahrung kennen: Angst um den Arbeitsplatz zum Beispiel. Trotzdem kann man einem Kind mit ein wenig Fingerspitzengefühl auch in diesem Fall authentisch begegnen und versuchen, ihm eine kurze Erklärung zu liefern, die es nachvollziehen kann: „Ich mache mir im Moment etwas Sorgen. Das hat mit meiner Arbeit zu tun und nichts mit dir oder Mama. Trotzdem benimmt man sich etwas anders, wenn man sich sorgt. Man lacht nicht so viel wie sonst. Das kennst du ja von dir selbst sicher auch.“ Auf diese Weise hätte der Vater seinem Kind reinen Wein eingeschenkt und ihm eine schlüssige Erklärung dafür geliefert, weshalb er im Moment schweigsamer und weniger lustig ist als sonst.

**Gefühle zeigen ist auch Männersache: Insbesondere für Jungen ist es wichtig, dass auch Väter über ihre Emotionen reden, denn sie orientieren sich am väterlichen Modell.**

## Dreimal tief durchatmen

Und wenn uns doch mal der Kragen platzt? Was, wenn wir so wütend sind, dass wir lauter werden, als uns lieb ist? Versuchen wir auch hier, authentisch zu bleiben. Wir brechen uns keinen Zacken aus der Krone, wenn wir uns bei unserem Kind für einen Wutanfall entschuldigen: „Es tut mir leid, dass ich dich eben angeschrien habe. Ich war total wütend, aber jetzt habe ich mich schon wieder beruhigt." Auch aus diesem Verhalten kann Ihr Kind etwas lernen. Wir sind alle keine Übermenschen, niemand reagiert immer optimal. Und unterm Strich ist das auch gut so.

## Zeit für Gefühle – Tipps für Eltern

*Es ist wenig hilfreich, unangenehme Gefühle wie Wut, Ängste, Aggressionen oder Stress zu leugnen oder zu unterdrücken. Aber man muss sich ihnen auch nicht ausliefern. Achten Sie einfach mal auf Ihre Gefühle. Wer sich öfter bewusst macht, wie er sich im Moment fühlt, kann darauf auch angemessen reagieren. Oder, um es mit Daniel Golemans Vokabular zu sagen: Nur wer seine Emotionen kennt, kann sie auch handhaben. Wenn Sie zum Beispiel merken, dass Sie wütend werden, haben Sie allein dadurch die Chance, einen unkontrollierten Ausbruch zu verhindern – vielleicht, indem Sie sagen: „Ich bin gerade stinksauer, lass mich bitte einen Moment in Ruhe." Diese Achtsamkeit kann man trainieren: Sie könnten zum Beispiel regelmäßig in einen kleinen Kalender schreiben, welche Gefühle Sie heute hatten. So ein Gefühlstagebuch muss überhaupt keine Romane enthalten – es genügen Stichworte oder Symbole. Wichtig ist nur, dass Sie sich etwas Zeit für sich selbst nehmen, in sich hineinhorchen und sich fragen, welche Emotionen Sie bewegen.*

Draußen sein, spielen und toben: Da sind gute Gefühle garantiert

# „Heute bin ich fröhlich“

## Kinder lernen die eigenen Gefühle kennen

*Wie geht man, wenn man glücklich ist? Diese Frage beschäftigt den vierjährigen Leon gerade sehr. Seine Eltern und sein großer Bruder Tom sitzen auf dem Sofa und warten gespannt ab, wie Leon wohl gleich gehen wird. Das kleine Pantomime-Spiel hat sich nach dem Abendessen zufällig ergeben: Ausgangspunkt war die Frage, ob man am Gang erkennen kann, wie ein Mensch sich fühlt. Jetzt hüpft Leon vor dem Sofa hin und her, schwingt seine Arme und grinst breit. „Ja, das sieht glücklich aus“, ruft Papa, und alle applaudieren. Nun ist Tom an der Reihe. Er will versuchen, wütend zu gehen. Tom ballt seine Fäuste, macht ein ausgesprochen ernstes Gesicht und stampft mit den Füßen auf. „Bravo! Und wie geht man, wenn man traurig ist?“, fragt Mama. Leon macht's vor: langsam, gebeugt und mit hängenden Schultern.*

Grundvoraussetzung der emotionalen Intelligenz ist, sich darüber im Klaren zu sein, wie man sich gerade fühlt. Bin ich traurig oder fröhlich? Wütend oder müde? Ist mir langweilig oder schäme ich mich? Auf den ersten Blick scheint die Antwort ganz einfach zu sein. Doch ist sie das wirklich? Selbst uns Erwachsenen sind unsere Emotionen oft nicht bewusst: Manchmal erkennen wir zum Beispiel gar nicht (oder erst lange im Nachhinein), dass unsere feuchten Hände und die Magengeräusche in einer bestimmten Situation eigentlich Angst ausdrückten. Doch wie erwirbt man eine gute Selbstwahrnehmung? Wie entwickeln Kinder ein Gespür für ihre Gefühle? Und wie können wir sie dabei unterstützen?
Emotionales Lernen beginnt unmittelbar nach der Geburt ganz automatisch. Allein dadurch, dass ein Säugling von Anfang an viel feinfühlige Zuwendung erfährt, wird er bereits für seine Gefühle sensibilisiert. Deshalb lautet der erste und wichtigste Tipp an junge Eltern: Lassen Sie

Die Frustrationstoleranz von Kindern muss sich erst entwickeln sich von Ihrer Liebe zu Ihrem Kind leiten, dann können Sie gar nichts falsch machen. Wenn beispielsweise ein Baby abends weint, weil es das Bedürfnis nach Nähe hat, und seine Eltern ihm dieses Bedürfnis erfüllen, indem sie es nicht schreien lassen, sondern bald beruhigen, eine Zeit lang an seinem Bettchen wachen, vielleicht ein leises Lied singen und über seine Wange streicheln – dann lernt das Baby, dass es sich auf seine Selbstwahrnehmung verlassen kann. Es lernt, dass seine Signale verstanden, ernst genommen und berücksichtigt werden. Es lernt, dass es in Sicherheit ist, dass seine Eltern es lieben und sich kümmern, sobald es ein Bedürfnis signalisiert.

**Insbesondere für kleine Kinder ist es wichtig, dass Sie Ihre positiven Gefühle über Körperkontakt und Berührungen zum Ausdruck bringen.**

## So können Eltern Gefühle thematisieren

Je älter ein Kind wird, desto mehr lernt es über angenehme und unangenehme Stimmungen. Wir müssen gar nicht über sie sprechen, sondern wir reagieren einfach auf sie. Wir nehmen unser Kind in den Arm und trösten es, wenn es krank ist und sich unwohl fühlt; wir lachen gemeinsam aus vollem Herzen, wenn wir „Kuckuck – da!“ spielen. All diese Dinge, die Eltern ganz instinktiv tun, helfen ihrem Kind beim emotionalen Lernen. Es geht also nicht um „Lernen“ in einem schulischen Sinne, sondern darum, die Gefühle eher nebenbei und spielerisch zum Thema zu machen. Dazu im Folgenden ein paar konkrete Anregungen.

**Gefühlsspiele:** Noch bevor Ihr Kind sprechen kann, hat es großen Spaß an Mimikspielen, zum Beispiel, wenn Sie ihm verschiedene lustige Gesichtsausdrücke vormachen. Später, im Kindergartenalter, kann man Spiele nach diesem Prinzip verfeinern. Wie wäre es zum Beispiel damit: Sie sagen ein und denselben Satz in ganz unterschiedlicher Intonation und Lautstärke und Ihr Kind muss erraten, welche Gefühlslage jeweils dahintersteckt.

**Bücher über Gefühle:** Zum Thema Gefühle gibt es spezielle Bilderbücher (einige stellen wir Ihnen am Ende dieses Heftes vor). Doch auch in den Lieblingsbüchern Ihres Kindes lässt sich beim Vorlesen oder gemeinsamen Anschauen bestimmt viel entdecken: „Was denkst du, wie fühlt der sich wohl gerade? Hast du dich auch schon mal so gefühlt? Wie war das, erzähl doch mal …?“ Dabei geht es überhaupt nicht darum, ein Problem zu suchen. Allein ein Gefühl mal zu erwähnen, ein bisschen darüber nachzudenken – darum geht es.

**Stimmungsanzeiger:** Ein Stimmungsanzeiger regt Ihr Kind an, sich mit der Frage „Wie geht es mir im Moment?“ zu beschäftigen und sein momentanes Gefühl zu visualisieren. Es gibt verschiedene Möglichkeiten, ihn selbst zu basteln. Die einfachste: Auf einen Papierstreifen (halbes Din-A4-Blatt hochkant) malen Sie drei einfache Gesichter: Ganz oben ein glückliches (Mundwinkel nach oben), in der Mitte ein neutrales (Mund waagerecht) und unten ein trauriges (Mundwinkel nach unten). Nun bitten Sie Ihr Kind, seine Stimmung auf dem Streifen zu zeigen. Der obere Rand des Streifens bedeutet „Glücklicher geht's nicht“, der untere Rand bedeutet „Trauriger geht's nicht“ – zwischen diesen Extremen kann es seine Stimmung einordnen. Es geht noch gar nicht um das Warum oder um eine weitere Differenzierung (das kann später kommen). Vielleicht muss Ihr Kind auch erst eine Weile überlegen, oder es braucht ein wenig Anleitung. Wenn es seine Stimmung auf dem Streifen gezeigt hat, klemmen Sie eine Büroklammer dorthin. Später kann man dann vergleichen: „Fühlst du dich jetzt anders als vorhin?“

**Emotionswürfel:** Dieser Würfel funktioniert nach demselben Prinzip, zeigt aber differenziertere Gefühle – insgesamt sechs. Auf jeder Seite ist ein Gesicht abgebildet: ein fröhliches, ein trauriges, ein ängstliches, ein müdes, ein überraschtes und ein wütendes. Einen solchen Würfel kann man aus einem Kunststoff-Fotowürfel (erhältlich im Fotofachhandel) und eigenen Bildern selbst herstellen: Bitten Sie Ihr Kind, die sechs Gefühle zu schauspielern („Mach doch mal ein ganz fröhliches Gesicht!“, „Jetzt guck mal ganz wütend“ und so weiter); die verschiedenen Gesichtsausdrücke fotografieren Sie, drucken sie aus und fügen sie in den Würfel ein. Der Würfel kann zum Beispiel auf dem Nachttisch Ihres Kindes liegen; und die Seite, die nach oben weist, zeigt an, wie sich Ihr Kind gerade fühlt.

Studien haben gezeigt, dass die emotionale Entwicklung gegenüber der intellektuellen hinterherhinkt. Mit spielerischen Übungen unterstützen Sie die Kompetenzen Ihres Kindes in diesem wichtigen Bereich.

**Gefühle malen:** Wer malt, beobachtet und horcht auch in sich selbst hinein. Es ist daher völlig egal, was Ihr Kind malt – ein gutes Gefühlstraining ist es auf jeden Fall. Ältere Kinder können Sie anregen, ein Bild zu einem bestimmten Gefühl zu malen: „Versuch doch mal, ein ganz fröhliches Bild zu malen", oder: „Wie würdest du Angst malen?" Günstig ist es, dem Kind in seiner Kreativität freien Lauf zu lassen. Was und wie es malt und mit welchen Farben, ist seine Sache. Der Sinn ist, dass Ihr Kind über das Gefühl nachdenkt, und es dann so malt, wie es selbst es für richtig hält. Das entstandene Werk ist dann natürlich ein wunderbarer Anlass, über das Gefühl ins Gespräch zu kommen.

Egal ob Kissenschlacht, Spielplatz oder Waldspaziergang: Bewegung ist ein gutes Ventil für angestaute Gefühle und setzt Glückshormone wie Serotonin und Endorphine frei.

**Rollenspiele:** In Rollenspielen können Kinder Verhaltensweisen ausprobieren, ohne negative Folgen fürchten zu müssen. Sie eignen sich daher besonders, um angstbesetzten Situationen zu begegnen. Wenn Ihr Kind sich zum Beispiel nicht traut, im Kindergarten andere Kinder anzusprechen, üben Sie mit ihm, wie man Freunde findet, indem Sie in die Rolle eines anderen Kindes schlüpfen (oder aber auch in die Rolle Ihres eigenen Kindes).

**Spiel mit Handpuppen:** Auch Handpuppen eignen sich gut um auszuprobieren, wie sich mit Gefühlen umgehen lässt. Nehmen Sie zum Beispiel zwei Handpuppen und spielen Sie eine Szene, in der die Puppen in einen Streit geraten. Unterbrechen Sie Ihr Spiel an einer geeigneten Stelle und lassen Sie Ihr Kind Vorschläge machen, wie sich die Situation weiterentwickeln könnte. Diskutieren Sie mit ihm, warum sich die Puppen wie verhalten haben und welche Lösungen nun möglich sind. Vielleicht hat Ihr Kind auch Lust, die Geschichte selbst zu Ende zu spielen.

Wenn sich Kinder unverstanden fühlen, brauchen sie einen geduldigen Ansprechpartner

# „Erzähl doch mal“

## Gespräche über Gefühle

*„Wie war's heute im Kindergarten?“, fragt Paulas Mutter. „Gut“, antwortet Paula, aber ihre Mutter spürt, dass ihre Tochter etwas beschäftigt. Sie ist stiller als sonst, wirkt bedrückt. „Ich sehe, dass du traurig bist. Ist dir was Blödes passiert?“, fragt sie. Nach einer Weile erzählt Paula, dass sie heute von der Schaukel gefallen ist und dass sie sie im Rückschwung auch noch am Hinterkopf getroffen hat. „Tut dir der Kopf weh?“, fragt ihre Mutter. „Nein, es tat gar nicht weh“, sagt Paula. „Aber die anderen Kinder haben mich ausgelacht“, fährt sie fort und beginnt zu weinen. „Oh, ich verstehe. Ausgelacht zu werden, tut manchmal mehr weh, als wenn man eine Schaukel an den Kopf bekommt. Erzähl doch mal: Wie hast du dich dabei gefühlt?“*

Was ein Ball ist oder ein Auto, lernen Kinder schnell, denn man kann darauf zeigen und sagen: „Das ist ein Ball“ oder „Das ist ein Auto“. Gefühle hingegen sind unsichtbar. Mit Kindern über sie zu sprechen, scheint deshalb schwierig. Aber es funktioniert, und zwar von Anfang an. Zwar weiß ein Säugling nicht, was die Worte „Mein Kind, ich hab dich unendlich lieb“ bedeuten. Aber er versteht den Tonfall, der diese Worte begleitet. Er spürt die liebevolle Ansprache, verbindet sie mit dem Lächeln seiner Eltern und dem Glück, das sie ausstrahlen, wenn sie diesen Satz sagen. Er erlebt dabei die körperliche Nähe, die Wärme und Geborgenheit. Schon lange, bevor es den Satz „Ich hab dich lieb“ fehlerfrei aussprechen kann, weiß ein Kind bereits gut, was er bedeutet.

**Emotionale Intelligenz entwickelt sich vor allem im kommunikativen Austausch mit den Eltern oder anderen Bezugspersonen des Kindes.**

## Gefühle in Worte fassen lernen

Ein großer Wortschatz für Gefühle ist für das ganze Leben sehr wertvoll. Ein Kind, das seine Emotionen differenziert benennen kann, gewinnt an Sicherheit. Es weiß, dass es für diese merkwürdigen Zustände Namen gibt, das bedeutet: „Auch andere Menschen haben das. Ich kann mich mit ihnen darüber austauschen und bin meinen Stimmungen nicht ausgeliefert.“ Diese Gewissheit hilft, auch mit starken Gefühlen zurechtzukommen.

Einen Gefühlswortschatz aufzubauen funktioniert natürlich nicht wie Vokabeln lernen in der Schule. Wirksamer sind Gespräche in Situationen, in denen bestimmte Gefühle auftauchen (oder kurz danach). Wenn die Empfindung noch frisch ist, können Kinder sie leichter mit Worten beschreiben. Und wenn sie ungezwungen und immer wieder mal über ihre Gefühle, deren Merkmale, Wirkungen und Auslöser sprechen, wächst ihr Wortschatz und ihre Ausdrucksmöglichkeiten werden immer differenzierter.

## Mit dem Kind ins Gespräch kommen

Eine wichtige Voraussetzung ist Aufmerksamkeit. Beobachten Sie Ihr Kind: Wie geht es ihm? Wer aufmerksam ist und zum Beispiel Veränderungen im Verhalten bemerkt, findet viele Anlässe für ein Gespräch. Kommt Ihr Kind zum

Beispiel bedrückt aus dem Kindergarten? Dann fragen Sie einfach mal nach: „Ich sehe dir an, dass du heute nicht so fröhlich bist wie sonst. Was ist denn los?"

Wahrscheinlich wird Ihr Kind Ihnen dann nicht gleich eine druckreife Antwort geben. Vielleicht schweigt es oder sagt: „Nein, es ist nichts" oder „Ich weiß auch nicht". Gefühle sind eine komplizierte Sache, die Kinder sehr irritieren können, und es fällt ihnen schwer, sie in Worte zu fassen. Deshalb drängen Sie Ihr Kind nicht. Sein Schweigen oder Ausweichen sind kein böser Wille, sondern ein Versuch, Zeit zu gewinnen, um nach passenden Worten zu suchen. Geben Sie Ihrem Kind die Zeit. Fragen Sie ruhig, aber bohren Sie nicht nach. Auch wenn Sie sich Sorgen machen und verständlicherweise unbedingt wissen möchten, weshalb Ihr Kind bedrückt ist, versuchen Sie Geduld zu haben, damit die Sache nicht in ein Verhör ausartet. Sätze wie „Nun sag doch endlich, was los ist!" machen Druck und nehmen den Mut, sich zu öffnen. Wenn Sie aber nicht sofort nachhaken, sondern die Stille aushalten, einfach nur mit Ihrem Kind zusammensitzen oder es in den Arm nehmen, wird es wahrscheinlich irgendwann anfangen zu erzählen.

**Der Blickkontakt zwischen Eltern und Kind funktioniert wie ein Spiegel: Fällt ein Kind hin, versichert es sich zuerst bei seinen Eltern, ob seine Reaktion darauf angemessen ist.**

## Das A und O: aktiv zuhören

Dann ist es wichtig, ihm aufmerksam zuzuhören. Auch wenn Sie längst begriffen haben, was Ihr Kind beschäftigt: Unterbrechen Sie es nicht, sondern lassen es so lange berichten, wie es möchte. Ermutigen Sie es weiterzusprechen, indem Sie ihm Raum geben und „aktiv" zuhören, ihm also zum Beispiel in die Augen sehen und durch Nicken signalisieren, dass Sie verstanden haben. Wenn es Ihnen gelingt, Ihr Kind nicht zu unterbrechen, werden Sie merken, dass es bald immer sicherer und genauer erzählt.

Noch mehr Sicherheit gewinnt es, wenn Sie, nachdem es geendet hat, das Gesagte zusammenfassen und Ihr Verständnis signalisieren. „Yannick hat dir also zuerst deine Schaufel weggenommen und dich dann nicht auf die Rutsche gelassen. Ich kann sehr gut verstehen, dass du deshalb wütend bist. Ich wäre an deiner Stelle auch sauer."

Ungünstig hingegen ist es, das Problem zu verharmlosen oder davon abzulenken. Sätze wie „Ach, das ist doch kein Grund zum Weinen", „Das ist doch gar nicht schlimm" oder „Komm, wir puzzeln, dann geht es gleich wieder besser" sind gut gemeint, helfen aber nicht. Wir sollten sie uns auch dann verkneifen, wenn wir das Problem unseres Kindes nicht nachvollziehen können (was schon mal vorkommt). Denn welches Gefühl man hat, in welcher Intensität und wie lange, kann man sich nicht aussuchen. Es gibt deshalb kein Richtig oder Falsch. Falsch kann nur ein Verhalten sein, jedoch niemals ein Gefühl. Ein Kind darf aus Wut ein anderes Kind nicht schlagen – aber es darf wütend sein (mehr dazu im nächsten Kapitel).

## Gelegenheiten für Gespräche

*Sie wünschen sich, dass Ihr Kind mehr von sich erzählt? Dann machen Sie ihm vor, wie es geht. Berichten Sie, wie sie sich darüber geärgert haben, dass sich die Frau an der Supermarktkasse und danach auch noch an der Brottheke vorgedrängelt hat. „Heute ist mir was passiert, also ich war stinksauer …"*

*Wie wär's mit einem kleinen Sprachspiel? Versuchen Sie, mit Ihrem Kind die Auswirkungen zu beschreiben, die ein bestimmtes Gefühl hervorruft: Wenn ich Angst habe, dann … bekomme ich feuchte Hände, fühle ich mich ganz klein und allein, zittert meine Stimme. Wenn ich traurig bin, dann …*

*Wovor hast du Angst? Für Kinder ist es sehr interessant zu erfahren, dass auch die großen Erwachsenen sich manchmal fürchten. Erzählen Sie doch einmal reihum, wovor Sie Angst haben: Gewitter, dunkler Keller, Hund der Nachbarn … Analog funktioniert das auch mit anderen Gefühlen: Was macht dich wütend? Wann schämst du dich? Was macht dich glücklich?*

*Manchmal fällt es Kindern schwer, von sich zu erzählen. Dann hilft ein Umweg über eine kleine Geschichte: „Es war einmal ein Mädchen, das hieß Hannah. Hannah war die meiste Zeit ein fröhliches Mädchen. Doch eines Tages wurde Hannah sehr wütend. Was war geschehen?“ Diese Frage geben Sie an Ihr Kind weiter. Bitten Sie es, die Geschichte weiterzuerzählen; am Ende können Sie dann gemeinsam überlegen, wie sie ausgeht. Auf diese Weise erfahren Sie sehr viel über die Gefühle Ihres Kindes, denn natürlich wird es einen Verlauf erfinden, den es von sich selbst kennt. Es wird sich fragen: „Warum würde ich sehr wütend werden?“ Um das zu verstärken, können Sie dem Kind in der Geschichte den Namen Ihres eigenen Kindes geben.*

*Sprechen Sie auch über gute Gefühle. Die kommen manchmal zu kurz, weil wir sie schnell als selbstverständlich empfinden. Das kurze, aber intensive Bettkantengespräch eignet sich sehr gut, um am Ende des Tages den Blick auf Glück und Zuversicht zu lenken. Fragen Sie: „Was hast du heute Schönes erlebt?“ oder erzählen Sie, worüber Sie sich besonders gefreut haben.*

*Der Fachhandel bietet spezielle Bilderbücher und Bildkartenspiele zum Thema Gefühle an, die viele Gesprächsanlässe liefern. Am Ende dieses Buches stellen wir eine Auswahl vor.*

Wenn sich Wut anstaut, brauchen Kinder ein Ventil, um sie wieder herauszulassen

# „Der Erik flippt schon wieder aus“

## Wut und Aggression: So bekommt man sie in Griff

*„Nicht trödeln!“ Erik muss sich heute furchtbar mit dem Frühstücken beeilen, weil seine Eltern verschlafen haben. Zu allem Überfluss ist dann auch noch sein linker Schuh verschwunden. „Du musst endlich mal Ordnung halten mit deinen Sachen! Wegen dir kommen wir noch zu spät in den Kindergarten“, schimpft seine Mutter. Erik kommt dann zwar noch rechtzeitig – die Bauecke allerdings, die er wie jeden Morgen als Erstes ansteuert, ist bereits besetzt. Anna, Lea und Felix bauen dort an einem Turm. „Geht weg!“, fordert Erik die drei auf. Anna guckt ihn entgeistert an und sagt: „Geh du lieber weg. Wir spielen hier!“ Felix ergänzt: „Wir waren zuerst hier!“ Da platzt Erik der Kragen. Er schubst Anna beiseite und tritt mit aller Kraft gegen den Turm …*

Klarer Fall, Erik hätte weder Anna schubsen dürfen, noch den Turm zerstören. Trotzdem ist seine Wut nachvollziehbar. Betrachten wir die Situation mit Eriks Augen: Zu Hause ging an diesem Morgen alles drunter und drüber, er wurde zu Unrecht ausgeschimpft; zu allem Überfluss erklärten ihm die anderen Kinder auch noch sehr direkt, dass er seinen Anspruch auf die Bauecke verloren hat, auf die er sich nach diesem unerfreulichen Start in den Tag so sehr gefreut hatte. Und da darf Erik nicht wütend werden? Doch, er darf. Seine Wut ist eine völlig gesunde Reaktion. Entscheidend ist aber, was er daraus macht.

## Wut ist o.k. – Gewalt ist verboten

Vielleicht führen Sie gemeinsam mit Ihrem Kind ein Wut-weg-Ritual ein? Einmal um das Haus rennen, die Wut abschütteln, einen Packen Altpapier zerreißen, zehn Hampelmänner machen ...

Gefühl und Handlung sind nicht dasselbe. Das Gefühl Wut ist immer erlaubt – nur die daraus resultierende Handlung kann verboten sein. So ist es in Eriks Fall: Die Wut ergreift Besitz von ihm und lässt ihn Dinge tun, die unangemessen sind. Erik muss also noch lernen, trotz der Wut im Bauch Herr der Lage zu bleiben, er muss lernen, wie er den Gefühlssturm auf eine Weise handhaben kann, die anderen nicht schadet.

Das ist natürlich gar nicht so einfach. Wut ist das Gefühl, das wohl am schwersten unter Kontrolle zu bringen ist, und es ist völlig normal, dass ein Kind ab und zu mal einen Wutanfall bekommt. Trotzdem können Eltern einiges tun, um ihrem Kind dabei zu helfen, mit der starken Emotion besser umzugehen.

## Die Wut schon von Weitem sehen

Der erste Schritt ist, dem Kind seinen Zorn zuzugestehen. Sätze wie „Reiß dich zusammen!“ oder „Hör jetzt sofort auf zu weinen!“ sind ungünstig, weil sie zum Unterdrücken des Gefühls auffordern. Versuchen Sie doch mal genau das Gegenteil, nämlich Ihr Kind frühzeitig auf seine aufsteigende Wut hinzuweisen – am besten schon bevor es selbst merkt, dass es wütend wird. Zum Beispiel: Sie beobachten, wie Ihre Tochter vergeblich versucht, allein ihre Strumpfhose anzuziehen, und sehen, dass sie allmählich ungeduldig wird. Anstatt durch Eingreifen dem Wutanfall vorzubeugen, könnten Sie sagen: „Ganz schön schwierig. Da kann

man richtig sauer auf die blöde Strumpfhose werden, stimmt's?" Anstatt die Wut zu vermeiden, zu ignorieren oder kleinzureden, stoßen Sie Ihr Kind mit der Nase darauf. Benennen Sie das Gefühl: „Merkst du, wie du wütend wirst?" Wahrscheinlich wird Ihre Tochter dann gar keinen Wutanfall bekommen, sondern innehalten, Sie anschauen, sehen, dass Sie verständnisvoll lächeln und allein dadurch neuen Mut schöpfen.
Selbst, wenn sie den Kampf mit der Strumpfhose dann doch verliert und aufgibt, ist der Lerneffekt bei dieser Übung groß: Ihr Kind wird dadurch sensibel gegenüber seinen eigenen Gefühlen. Es lernt, die Wut zu einem Zeitpunkt zu erkennen, wo sie noch beherrschbar ist. Die wichtigste Voraussetzung zur angemessenen Handhabung der Wut ist, sie *frühzeitig* wahrzunehmen. Das Kind kann dann in vergleichbaren Situationen spüren: „Aha, ich merke, wie ich wütend werde, und bevor ich ausflippe, mache ich lieber …"

## Gewaltlos den Zorn bezwingen

Schritt Nummer zwei ist, seinem Kind sozial akzeptierte Maßnahmen und Wege aufzuzeigen, mit denen es seine Wut regulieren kann. Da gibt es natürlich kein Patentrezept, es hängt immer von der jeweiligen Situation ab. Grundsätzlich geht es um die Unterscheidung von Gefühl und Handlung: Es ist o.k, wütend zu sein, aber es ist verboten, deshalb Dinge zu zerstören oder jemandem weh zu tun. Ermutigen Sie Ihr Kind, seine Wut mit Worten auszudrücken statt mit Gewalttaten. Diese Worte dürfen durchaus hart sein, denn wer richtig wütend ist, kann sich nun mal nicht abregen, indem er sagt: „Ich finde das jetzt nicht so schön." Grobe Beleidigungen sollten aber nicht fallen, denn auch sie stellen eine Form von Gewalt dar.
Je nach Intensität des Gefühls helfen außerdem folgende Maßnahmen, einen gewalttätigen Wutanfall zu vermeiden:

- Dreimal tief durchatmen und die Situation verlassen (das wäre zum Beispiel für Erik eine gute Möglichkeit gewesen, seinem Wutanfall vorzubeugen).
- Laut und deutlich sagen, was man möchte und dass man wütend wird: „Hör auf, mich zu ärgern!" oder „Das ist meins, gib es sofort zurück, sonst werde ich richtig wütend!"; falls das nicht klappt, Eltern oder Erzieherin um Hilfe bitten.

- Ein Wutkissen bestimmen, in das man hineinboxen darf, wenn man sauer ist; man darf es sich auch vors Gesicht halten und seine Wut hineinschreien, so laut man kann.
- Einen kleinen Stoffball anschaffen – ihn darf man, wenn einem danach ist, so doll man kann gegen die Wand werfen.
- Mit dem Fuß die Wut in den Boden stampfen.
- In sein Zimmer gehen und seine Wut mit einem lauten Schrei herauslassen.

## Die Gefühle des Kindes annehmen

Und wenn es dann doch mal passiert ist? Was tun, wenn Ihr Kind in einem Wutanfall das Saftglas vom Tisch gefegt oder seinen besten Freund gegen das Schienbein getreten hat? Sprechen Sie mit ihm über den Vorfall, wenn es sich beruhigt hat. Mit etwas Abstand und kühlem Kopf lassen sich Fragen wie diese klären: Woher kam die Wut? Wie fühlte sie sich an? Signalisieren Sie Ihrem Kind, dass Sie sein Verhalten nicht in Ordnung fanden, sein Gefühl jedoch verstehen können. Thematisieren Sie die Stimmungen Ihres Kindes: Sprechen Sie nicht nur über seinen großen Zorn, sondern gegebenenfalls auch über seine Scham. „Jetzt fühlst du dich bestimmt elend, weil es dir leidtut, dass du Paul getreten hast, stimmt's?“ Vielleicht berichten Sie Ihrem Kind auch von einem Wutanfall, den Sie selbst hatten. Erzählen Sie ihm, dass auch Sie schon mal vor lauter Ärger einen Fehler gemacht haben, aber auch, dass jeder Mensch lernen kann, mit Wut umzugehen. Kinder reagieren oft sehr verblüfft, wenn sie erfahren, dass ihre „unfehlbaren“ Eltern auch schon mal eine Niederlage erlitten haben. Es zeigt ihnen, dass sie verstanden werden und dass sie mit ihren starken Gefühlen nicht allein sind. Und es öffnet ihnen eine positive Perspektive: Die Wut ist beherrschbar – jeder fängt mal klein an, aber man kann lernen, sie in Schach zu halten.

**Bleiben Sie im Umgang mit Ihren eigenen Gefühlen authentisch: Zwingen Sie sich nicht zu einem freundlichen Ton, wenn das nicht Ihrer Gemütslage entspricht. Ihr Kind durchschaut Sie sowieso.**

## Erste Hilfe bei einem Wutanfall

*Was tun, wenn sich der kindliche Zorn gegen die Eltern richtet? Das bleibt im Familienalltag nicht aus, wenn die Vorstellungen darüber, wann man zu Bett gehen muss und wie viel Süßigkeiten man verputzen sollte, bei Eltern und Kindern stark auseinanderklaffen.*

- *Tief in den Bauch atmen, dann bekommen Sie Ihre eigenen Gefühle besser in den Griff.*

- *Akzeptieren Sie die Wutanfälle. Ja, sie bringen einen manchmal an die Belastungsgrenze. Aber sie kommen in jeder Familie vor, insbesondere, wenn die Kinder im sogenannten Trotzalter sind. Und das geht auch wieder vorüber.*

- *Bei Geschrei nicht nachgeben, auch wenn es noch so schwer fällt. Ihr Kind lernt sonst: Ich muss nur stark genug fordern, dann bekomme ich meinen Willen.*

- *Laut wird es meistens, weil Kind und Eltern sich gegenseitig hochschaukeln (Kind fordert lauter, Eltern antworten ebenfalls lauter und so weiter). Durchbrechen Sie dieses Schema, bleiben Sie bei Ihrer Normallautstärke und sagen Sie klar und freundlich „Nein!“, als sei es das Selbstverständlichste auf der Welt.*

- *Wenige Worte genügen: An der Supermarktkasse müssen Sie ihrem wütenden Kind nicht ausführlich erklären, warum es jetzt keine Bonbons bekommt.*

Wenn Kinder sich geborgen fühlen, können sie Ängste schrittweise überwinden

# Kloß im Hals und weiche Knie

## Wie Kinder lernen, mit Angst umzugehen

*Seit drei Tagen geht Lea in den Kindergarten. Sehr gern sogar, wie sie fröhlich versichert, wenn sie mittags abgeholt wird. Doch morgens sieht die Welt noch ganz anders aus: Da weint Lea immer. Wenn ihre Mutter sich von ihr verabschiedet, überkommt es die Dreijährige: Ihre Unterlippe beginnt zu zittern, Tränen schießen ihr in die Augen, die kleinen Hände greifen nach der Jacke ihrer Mutter. „Geh' nicht weg", fleht sie …*

Gegen Angst ist niemand immun, erst recht ein Kind nicht. In seiner Entwicklung trifft es ständig auf Unbekanntes, vieles davon wirkt bedrohlich und jagt ihm Angst ein. Wenn wir unsere Kinder dann beobachten, möchten wir sie am liebsten vor allem beschützen. Doch ein Kind, das vor jeder Unannehmlichkeit bewahrt wird, kann kaum selbstständig werden. Früher oder später wird es in eine Situation kommen, in der wir ihm nicht beistehen können – am ersten Schultag zum Beispiel. Hat es dann nicht gelernt, mit seiner Angst umzugehen, ist es ihr schutzlos ausgeliefert. Dies soll keineswegs heißen, dass wir achselzuckend zusehen sollen, wenn unsere Kinder sich fürchten. Unsere Aufgabe ist es, ihnen behutsam dabei zu helfen, sich ihren Ängsten allmählich zu stellen, damit sie sie eines Tages allein bewältigen können.

## Ängste haben einen Sinn

Der erste Schritt dazu ist unsere Einsicht, dass Angst keine Schwäche ist. Auch wenn uns Erwachsenen manche Sorge der Kleinen völlig unbegründet vorkommt, sollten wir sie nicht leichtfertig abtun. Das markerschütternde Geschrei eines Dreijährigen zum Beispiel, der gerade einen Blutstropfen an seinem Finger entdeckt hat, halten wir vielleicht für maßlos übertrieben. Doch nehmen wir seine Perspektive ein, verstehen wir die große Angst: Ein Kind im Vorschulalter weiß, dass es einen Körper hat, der sich ernstlich verletzen kann, hat aber natürlich keine Ahnung von Wundheilungsprozessen. Ein Blutstropfen kann vor diesem Hintergrund echte Panik auslösen, denn dem Kind fehlt das Wissen, um die Miniverletzung richtig einordnen zu können. Wer glaubt, dass er verblutet, handelt sogar äußerst vernünftig, wenn er schreit. Ein „Stell dich nicht so an!“ wäre deshalb unangebracht. Stattdessen helfen elterliche Gelassenheit und Aufmerksamkeit in Form eines bunten Kinderpflasters.

**Angst fühlt sich schlecht an, gehört zum Leben aber dazu. Angst ist sogar ein sinnvolles Gefühl. Sie ist eine Alarmanlage: Wenn es gefährlich wird, macht sie sich bemerkbar.**

Das Beispiel macht auch deutlich: Ängste sind abhängig vom Alter eines Kindes. Viele „Angstthemen“ treten entwicklungsbedingt auf, sie sind also in einer bestimmten Lebensphase besonders ausgeprägt. Das früheste und hartnäckigste ist das der Trennung, also die Sorge davor, von seinen Bezugspersonen verlassen zu werden. Bereits Neugeborene

Schüchterne Kinder brauchen liebevolle Ermutigungen

erleben sie sehr intensiv, denn die Natur hat sich etwas dabei gedacht: Ein Säugling ist völlig hilflos und würde ohne einen Menschen, der für ihn sorgt, nicht lange überleben. Die Trennungsangst ist also eine Alarmanlage. Der Säugling macht so auf sich aufmerksam, sobald er sich allein gelassen fühlt. Diese Angst weist man durch Zuwendung in ihre Schranken. Durch Singen, Wiegen und Schmusen signalisieren die Eltern: „Wir sind für dich da, du kannst dich beruhigen, denn alles ist gut.“ Nichts vermittelt dies besser als Körperkontakt. Ein Kind, das die Nähe seiner Eltern spürt, sobald die Trennungsängste auftreten, ihre Stimme hört und ihren Geruch wahrnimmt, lernt schnell, dass es ihnen vertrauen kann. Auch wenn es manchmal sehr anstrengend ist, sofort beim schreienden Kind zu sein: Wir legen damit einen wichtigen Grundstein für seine Entwicklung und ernten später die Früchte unserer Mühen.

Stark und mutig ist nicht, wer so tut, als habe er keine Angst. Stark ist, wer sich seinen Ängsten stellt

## Angst vorm Verlassenwerden

Vor dem ersten Geburtstag erreicht die Trennungsangst einen Höhepunkt: Im sogenannten Fremdelalter reagieren Kinder auf Personen, die sie nicht täglich erleben, mit oft vehementer Ablehnung. Die Botschaft lautet: „Mami, geh' nicht weg – noch nicht mal einen Meter!" Auch Einschlafschwierigkeiten haben häufig mit der Angst vor Verlassensein zu tun. „Wer weiß, ob Mama und Papa noch da sind, wenn ich wieder aufwache?" Diese Befürchtung macht schlaflos.

Mit zunehmender Selbstständigkeit und einem Schatz positiver Erfahrungen nimmt die Trennungsangst zwar ab, verschwindet jedoch nie ganz, und häufig flammt sie beim Eintritt in den Kindergarten noch einmal ordentlich auf. Jetzt erfahren die meisten Kinder die erste „echte" Trennung von ihren Bezugspersonen. Ein Vormittag bei der Oma ist eben etwas ganz anderes als ein Vormittag in der Kita. Denn dort prasseln auf das Kind viele unbekannte Eindrücke herein: die fremde Umgebung, unbekannte Gerüche, lärmende Kinder …

An den Eingewöhnungstagen können die Kleinen ganz allmählich ihren neuen Alltag kennenlernen. Auch Eltern können helfen, die Trennungsangst zu besiegen. Der wichtigste Tipp dazu lautet: Seien Sie absolut verlässlich! Die Gedanken Ihres Kindes kreisen beim Abschied nämlich um Fragen wie „Was ist, wenn Mama mich vergisst?“ Je schneller Ihr Kind merkt, dass seine Sorgen unbegründet sind, desto leichter wird ihm auch der Abschied fallen. Auf keinen Fall sollten Sie sich heimlich davonstehlen, denn dadurch lernt Ihr Kind, dass es jederzeit damit rechnen muss, verlassen zu werden – und Sie erreichen das Gegenteil des Gewollten. Besser ist es, den Abschiedsschmerz zuzulassen. Nur so kann Ihr Kind lernen, die Trennung zu bewältigen. Tränen gehören manchmal dazu. Zwingen Sie Ihr Kind nicht, sich zusammenzureißen, denn Weinen ist nicht die schlechteste Methode, Trauer zu verarbeiten. Vor allem seien Sie zuversichtlich: Die Trennungsangst Ihres Kindes wird abnehmen. Es wird lernen, dass es sich auf Sie verlassen kann, wenn Sie sagen: „In drei Stunden hol’ ich dich ab.“

**Kinder spüren Ängste oder Bedenken der Eltern. Sie erleichtern Ihrem Kind eine Trennung, wenn Sie Zuversicht und Vertrauen ausstrahlen.**

## Wenn die Monster kommen

Verlässlichkeit schafft Vertrauen und macht stark gegen die Angst. Das gilt auch für ein weiteres großes Angstthema bei Kindern: Monster, Hexen und Gespenster. Solche Gruselgestalten treten in der sogenannten magischen Phase auf, je nach Entwicklungsstand zwischen dem dritten und fünften Lebensjahr. In dieser Zeit erfinden Kinder Fantasiefiguren und vermischen sie nach Herzenslust mit der Realität: Sie „spinnen“ im besten Sinne des Wortes. Auch das gehört zu ihrer Entwicklung einfach dazu. Berichtet Ihr Kind von einem schrecklichen Monster, das unter seinem Bett lauert, nützt es jedoch wenig, wenn Sie ihm mit rationellen Erklärungen kommen. Der Satz „Monster gibt es nicht!“ verunsichert oft mehr, als dass er hilft. Für das Kind existiert das Monster in diesem Moment tatsächlich, und das Gefühl der Angst ist deshalb nur folgerichtig. Günstiger wäre es, wenn Sie Ihrem Kind erlauben, die Tür beim Einschlafen einen Spalt geöffnet zu lassen. Denn kaum etwas wirkt so beruhigend wie die vertrauten Stimmen der Eltern. Sie könnten Ihrem Kind auch einen Talisman schenken, der es vor den Gruselgestalten beschützt – einen bunt bemalten Stein etwa, um den sie eine schöne Geschichte erfinden.

Kindern tut es gut zu wissen: Jeder hat manchmal Angst! Für dieses Gefühl braucht man sich nicht zu schämen. Die Angst wird kleiner, wenn man sich ihr stellt und gemeinsam nach „Angstfressern" sucht.

Sehr gut ist es grundsätzlich, den Ängsten offensiv zu begegnen: Schweigen Sie sie nicht tot, sondern regen Sie zum Beispiel Ihr Kind an, ein gruseliges Bild zu malen. Setzen Sie sich dazu und reden Sie mit ihm über das entstehende Bild. Durch das Malen und das Gespräch verarbeitet das Kind seine Angst an einem schönen Nachmittag in Ihrer Nähe und nicht am Abend im Dämmerlicht allein in seinem Bett. Eine weitere Möglichkeit, wie Sie den Ängsten offensiv begegnen können: Bitten Sie Ihr Kind doch mal, Ihnen eine Gruselgeschichte zu erzählen. Wenn Sie sich dabei aneinanderkuscheln, verwandeln sich bedrohliche Ängste schnell in schrecklich-schönes Wonnegruseln.

## Ein warmes Nest macht Mut

Ältere Kinder plagen realere Sorgen. Bereits in der Grundschule spüren sie Leistungsdruck und soziale Unterschiede. Daher verwundert es nicht, dass Versagensängste und die Furcht, von Gleichaltrigen abgelehnt zu werden, nun die beherrschenden Angstthemen sind. Die beste Voraussetzung, sie in den Griff zu bekommen, ist ein starker Rückhalt in der Familie. Seien Sie Ihrem Kind ein sicherer Hafen, in dem es sich bedingungslos geliebt fühlt (auch bei schlechten Zensuren). Ein warmes Nest verleiht das nötige Selbstvertrauen, um Kontakte zu knüpfen und Rückschläge zu verarbeiten. Überfordern Sie Ihr Kind nicht und reden Sie mit ihm über die Erfahrungen, die es in der Schule macht. Sprechen

Sie ihm Mut zu, führen Sie ihm seine Fähigkeiten vor Augen, machen Sie ihm klar, dass es etwas kann und dass es liebenswert ist.
Ob Schulkind oder Säugling – es läuft immer wieder auf das eine hinaus: Vertrauen. Zeigen Sie Ihrem Kind, dass es Ihnen vertrauen kann, und es wird lernen, seinen Ängsten mutig entgegenzutreten.

## Die Angst beim Namen nennen

*Ein Gespräch nimmt Ängsten oft den Schrecken. Doch es ist gar nicht einfach, sich über Angst zu unterhalten. Fragen wie diese können dabei helfen:*

- *Wovor kann man Angst haben?*
- *Wie fühlt sich Angst an?*
- *Wovor hast du am meisten Angst?*
- *Wovor hast du dich früher gefürchtet und heute nicht mehr?*
- *Was glaubst du: Wovor hat dein bester Freund oder deine beste Freundin Angst?*
- *Was kann man tun, wenn man Angst hat?*
- *Wie hast du beim letzten Mal deine Angst besiegt?*
- *Kann Angst auch etwas Gutes sein? Wofür kann Angst gut sein?*

Kleine Geschwister fordern eine große Portion Einfühlungsvermögen

# „Überleg doch mal, wie der sich dann fühlt“

## Empathie lernen Schritt für Schritt

*Alissa, drei Jahre alt, hat ein neues Spiel erfunden, das sie ziemlich lustig findet: Sie zieht Daisy, die Katze ihrer Familie, am Schwanz. Daisy tut ihr Missfallen zwar mit einem kurzen Miauen kund und läuft weg, doch Alissa verfolgt sie und wiederholt ihr Spielchen. Als ihre Mutter das beobachtet, ist sie sauer: „Du darfst doch Daisy nicht quälen!“, schimpft sie. „Weißt du denn nicht, dass es ihr wehtut, wenn du an ihrem Schwanz ziehst?“ Alissa schaut ihre Mutter erstaunt an. Ihr Blick scheint zu sagen: „Woher soll ich das denn wissen?“*

Empathie bezeichnet die Fähigkeit, sich gefühlsmäßig und gedanklich in andere hineinzuversetzen. Ohne Empathie wäre ein friedliches Miteinander kaum möglich, sie ist eine Voraussetzung für ein erfolgreiches und glückliches Leben.

Bereits im ersten Lebensjahr zeigen Kinder ein Verhalten, das uns an Mitgefühl erinnert: Wenn sie andere Babys weinen hören, beginnen sie ebenfalls zu weinen. Auch auf weitere Zeichen von Kummer – zum Beispiel Tränen, Schluchzen oder ein (geschauspielertes) trauriges Gesicht – reagieren Kinder vor ihrem ersten Geburtstag so, als seien sie selbst traurig. Entwicklungspsychologen nennen dieses Phänomen „Gefühlsansteckung“. Das Kleinkind imitiert dabei die Traurigkeit des anderen und macht sie zu seiner eigenen. Empathie, also ein bewusstes Einfühlen, ist das jedoch noch nicht. Denn bevor sich ein Kind in andere einfühlen kann, muss es natürlich erst einmal begreifen, dass es andere überhaupt gibt – und diese Erkenntnis entfaltet sich frühestens ab dem 18. Lebensmonat.

## Erste Zeichen von Mitgefühl

Ab diesem Zeitpunkt begreifen Kinder allmählich, dass es einen Unterschied gibt zwischen „Ich“ und „Du“, zwischen sich selbst und ihrer Umwelt. Sie entwickeln ein Ich-Bewusstsein, erkennen sich selbst im Spiegel oder auf Fotos und möchten ihren eigenen Willen durchsetzen (Eltern kennen dies auch als „Trotzphase“). Sie verstehen, dass Mutter, Vater, Oma, Opa und Geschwister eigenständige Menschen sind – mit Gefühlen, die nicht unbedingt mit ihren eigenen Gefühlen identisch sein müssen: „Wenn mein Bruder traurig ist, muss ich nicht ebenfalls traurig sein.“ Sobald dieser Entwicklungsschritt vollzogen ist, sind Kinder zu ersten empathischen Reaktionen imstande. Sie trösten beispielsweise bewusst andere Menschen, wenn sie bei ihnen Zeichen von Traurigkeit bemerken. Gleichzeitig lernen sie aber auch, andere zu ärgern, also absichtlich ihre Gefühle zu verletzen. Denn auch das ist Empathie: Nur wer in der Lage ist, sich in einen Menschen hinzuversetzen, weiß auch, wie er ihn emotional treffen kann. So unterschiedlich Ärgern und Trösten auch sind, beides sind Versuche, die Gefühle eines anderen Menschen zu beeinflussen – beim Ärgern negativ, beim Trösten positiv.

**Empathie besteht aus drei Komponenten: 1. der Fähigkeit, sich in andere einzufühlen; 2. der Fähigkeit, sich in andere hineinzudenken; 3. der Bereitschaft, von diesen beiden Fähigkeiten Gebrauch zu machen.**

## Vorstellungskraft ist gefragt

Die Hilfsangebote der Kleinen sind anfangs noch sehr unbeholfen. Man sieht, dass sie trösten wollen, jedoch noch nicht in der Lage sind, sich so weit in den anderen hineinzuversetzen, um zu erkennen, was ihm wirklich helfen würde. Vielmehr gehen die kleinen Empathie-Anfänger von sich aus: Sie tun das, was ihnen selbst helfen würde. Ein typisches Beispiel: Ben und Arno, beide zwei, spielen im Sandkasten, ihre Mütter sitzen auf der Spielplatzbank und unterhalten sich. Nun beginnt Ben zu weinen. Arno sieht, dass Ben traurig ist – holt dann aber seine eigene Mutter. Er kann sich nämlich noch nicht so weit in seinen Spielkameraden hineinversetzen, um zu verstehen, dass er Ben mehr geholfen hätte, wenn er Bens Mutter geholt hätte.

## Empathie entwickelt sich

Um dies zu verstehen, braucht ein Kind die sogenannte „Theory of Mind“, die ein weiterer wichtiger Bestandteil der Empathie ist. Damit ist die schon recht anspruchsvolle Fähigkeit gemeint, sich gedanklich in jemanden hineinzuversetzen und seine Sichtweise einzunehmen. Dieser Entwicklungsschritt vollzieht sich ungefähr zwischen dem dritten und dem fünften Geburtstag. Ob Ihr Kind schon so weit ist, können Sie leicht mit dem sogenannten Sally-Anne-Test herausfinden. Dazu erzählen Sie Ihrem Kind Folgendes: „Sally legt eine Kugel in eine Schublade und geht aus dem Zimmer. Anne nimmt die Kugel heraus und legt sie in eine Vase. Danach kommt Sally wieder ins Zimmer.“ Fragen Sie Ihr Kind: „Wo sucht Sally nach der Kugel?“ Lautet seine Antwort „In der Schublade“, ist seine „Theory of Mind“ bereits gut entwickelt – obwohl Ihr Kind weiß, dass die Kugel in der Vase liegt, hat es verstanden, dass Sally dieses Wissen nicht hat und daher in der Schublade suchen wird.

Freundschaft heißt auch, sich streiten zu dürfen – und dann wieder eng verbunden zu sein

## Was die Empathie fördert

Es wird deutlich: Empathie ist eine komplizierte Sache, die recht hohe Anforderungen an ein Kind stellt. Sie bildet sich nicht mit einem Schlag, sondern schrittweise. Voll ausgereift ist die Empathiefähigkeit erst etwa im Alter von sechs Jahren. Doch obwohl Einfühlungsvermögen zum menschlichen Grundbauplan gehört, spielt auch die Erziehung eine wichtige Rolle. Eltern können ihre Kinder in der Schlüsselkompetenz Empathie fördern.

Der wohl wichtigste Faktor für eine besonders gelungene Ausbildung der Empathiefähigkeit sind warmherzige, einfühlsame, verlässliche und respektvolle Beziehungen. Kinder, deren Gefühle und Bedürfnisse erkannt, ernst genommen und berücksichtigt werden, reagieren auch selbst besonders einfühlsam auf die Emotionen anderer. Die positiven Erfahrungen, die sie selbst von klein auf machen, geben ihnen Kraft und Sicherheit im Umgang mit anderen.

## Trösten wie die Großen

Empathie braucht außerdem positive Vorbilder – anfangs sind das natürlich die Eltern, oft auch die Großeltern, später kommen weitere Verwandte, Freunde der Eltern, Erzieherinnen oder Lehrer hinzu. Am Modell ihrer Bezugspersonen lernen Kinder enorm viel. Sie beobachten zum Beispiel: Was unternimmt Oma, wenn mein kleiner Bruder sich wehgetan hat? Verhält sie sich mitfühlend, nimmt sie ihn in den Arm und tröstet ihn und zeigt damit, dass man sich um einen weinenden Menschen kümmern soll? Klar, dass Empathie so besser gefördert wird als durch Sätze wie „Das tat doch gar nicht weh!", „Stell dich nicht so an!" oder „Jungs weinen doch nicht!"

## Über Gefühle reden

Gefühle im Alltag zum Thema zu machen, ist ebenfalls ein gutes Empathietraining. Gemeint ist natürlich nicht, dass man nach Stundenplan über Gefühle reden soll. Es reicht schon aus, auftretende Emotionen nicht zu leugnen, abzutun oder kleinzureden.

Besonders hilfreich bei der Entwicklung empathischer Fähigkeiten ist der sogenannte induktive Erziehungsstil. Dabei geht es darum, dem Kind bei einem Fehlverhalten zu verdeutlichen, welche Konsequenzen sein Handeln bei anderen hervorruft: „Schau mal, der Tom ist traurig, weil du ihm sein Feuerwehrauto weggenommen hast. Überleg doch mal, wie Tom sich fühlt. Wie würdest du dich an seiner Stelle fühlen?" Solche Sätze machen Ihrem Kind klar, dass sein Handeln anderen Kummer bereiten kann. Und Sie regen es dazu an, sich in sein „Opfer" hineinzuversetzen und dessen Sichtweise einzunehmen – das ist Empathietraining vom Feinsten.

**Eltern und andere Bezugspersonen können und müssen nicht perfekt sein. Kinder schauen sich ab, wie sie mit Fehlern oder Krisen umgehen. Auch diese können Anlässe für Gespräche sein.**

Kinder, die sich geliebt fühlen, können Konfliktsituationen besser meistern

# Streiten, aber mit Gefühl

## Konflikte austragen – ohne zu verletzen

*„Nicht schon wieder", denkt die Mutter von Lauro (4) und Till (6). Gerade mal eine Viertelstunde ist es her, dass sie den letzten Streit ihrer beiden Jungs geschlichtet hat und sie in Tills Zimmer friedlich spielend allein ließ, um die Spülmaschine auszuräumen. Und nun hört sie ihren Jüngsten schreien: „Immer willst du der Bestimmer sein!" Tills Antwort kann sie nicht verstehen, aber sie muss gesessen haben, denn jetzt ertönt sirenenartig Lauros helles Stimmchen: „Mamaaaa!" Die Spülmaschine muss warten, es gibt schon wieder Streit …*

Um es gleich vorwegzunehmen: Streit ist etwas Gutes. Es kommt nur darauf an, was man daraus macht. Doch der Reihe nach.
Wo Menschen zusammenleben oder aufeinandertreffen, entstehen auch Konflikte. Das liegt in der Natur der Sache: Jeder Mensch hat Bedürfnisse, und es ist logisch, dass sich diese Bedürfnisse nicht immer vereinbaren lassen. Folgerichtig kommt es dann zu einem Streit. Maja und ihr Vater streiten sich, weil Maja fernsehen möchte und ihr Vater sagt: „Jetzt ist Schluss, du hast lange genug in die Glotze geguckt!" Julia und Tim streiten sich im Kindergarten darüber, wer den letzten freien Roller haben darf. Und die Brüder Lauro und Till streiten sich neuerdings über jede Kleinigkeit.

## Konflikte sind da, um gelöst zu werden

„Müsst ihr euch denn immer streiten?", fragen genervt die Eltern. Die Antwort lautet: Vielleicht nicht immer, aber im Prinzip schon – denn ohne Streit geht es nicht. Erziehungswissenschaftler und Psychologen sind sich einig, dass Konflikte bei der Entwicklung der emotionalen und sozialen Kompetenz eine entscheidende Rolle spielen. In einer Untersuchung des Deutschen Jugendinstitutes wurde beispielsweise herausgefunden, dass Kinder, die sozial besonders kompetent sind, also viele und gute freundschaftliche Kontakte pflegen, meist auch diejenigen sind, die häufiger als andere in Streitigkeiten verwickelt sind.
Es empfiehlt sich also, nicht voreilig in einen Streit einzugreifen. Kinder müssen die Gelegenheit haben, ihre eigenen Lösungen zu finden und sie auch umzusetzen. Leichter fällt das, wenn man sich von der Vorstellung verabschiedet, menschliches Miteinander müsse unentwegt harmonisch verlaufen. Halten Sie sich vor Augen, dass Harmonie aus überstandenen Konflikten erwächst und nicht aus deren Abwesenheit. Durch selbst

gelöste Meinungsverschiedenheiten lernen Kinder, Spannungen auszuhalten, die ansonsten zu aggressivem Verhalten führen können. Konflikt und Aggression sind nämlich keinesfalls dasselbe: Wer gelernt hat, einen Streit konstruktiv zu lösen, muss nicht zuschlagen.

## Vermitteln ist besser als verurteilen

Natürlich sollten wir für unsere Streithähne präsent sein, als Ansprechpartner im Hintergrund. Das signalisiert ihnen: „Ich trau' euch etwas zu, probiert es aus. Wenn ihr aber meine Hilfe braucht, bin ich für euch da." Wenn Kinder um Hilfe bitten oder wenn es zu Gewalttätigkeiten kommt, sollten Erziehende sich als Anwalt verstehen, nicht als Richter. Das bedeutet: Statt den beiden Streitparteien eine Lösung vorzuschreiben, ist es geschickter, ihnen eine aktive Rolle zu geben: Lösen Sie den Konflikt *mit* den Kindern, nicht für sie. Hören Sie die Standpunkte und Sichtweisen an, verlangen Sie, dass auch die Kinder sich gegenseitig zuhören. Bitten Sie sie, ihre Wünsche voreinander auszudrücken. Fordern Sie sie auf, Lösungsvorschläge zu machen. Achten Sie darauf, dass jeder mal nachgibt, und dass auch die Gefühle und Bedürfnisse der stilleren Kinder berücksichtigt werden. Ältere Kinder, die sich schon ganz gut in andere hineinversetzen können, also bereits empathische Fähigkeiten haben, sollte man ruhig dazu anregen, sich in die Rolle des anderen hineinzuversetzen: „Wie würdest du dich fühlen, wenn Lilli dir alle Bauklötze wegnehmen würde?"

**Üben Sie mit Ihrem Kind im Rollenspiel, wie sich Konflikte klären lassen. In echten Streitsituationen wird es ihm dann besser gelingen, selbstständig eine Lösung zu finden.**

## Nach konstruktiven Lösungen suchen

Überlegen Sie mit den Kindern, welche ihrer Vorschläge umgesetzt werden können. Die Kleinen fühlen sich durchaus nicht im Stich gelassen, wenn Sie sagen: „Ich verstehe euer Problem, aber eine Lösung fällt mir im Moment nicht ein. Was meint ihr denn?" Das Gegenteil ist der Fall: Die Kinder sehen, dass jemand an ihrem Problem Anteil nimmt und ihnen zutraut, es zu lösen.
Dasselbe gilt im Prinzip auch für den Streit zwischen Eltern und Kindern. Erwachsene neigen manchmal dazu, ihn gar nicht erst aufkommen zu lassen. Doch wenn wir genauer hinschauen, erkennen wir, dass uns

gar nicht die Konflikte selbst so unangenehm sind, sondern mehr das, was daraus entsteht. Die Frage ist also nicht, wie man einen Konflikt vermeiden kann, sondern wie man einen Konflikt konstruktiv lösen kann.

## Regeln für die ganze Familie

Eine sehr schöne Methode sind gemeinsam ausgehandelte „Streitregeln“. Sie könnten zum Beispiel so aussehen:

Streitregeln der Familie Meier

Regel 1: Wir tun dem anderen nicht weh – Hauen, Kneifen, Beißen und so weiter sind verboten.

Regel 2: Wir beleidigen den anderen nicht.

Regel 3: Wir sagen, wie wir uns fühlen (Beispiel: Ich bin wütend auf dich, weil du ...).

Regel 4: Wir hören dem anderen zu.

Regel 5: Wir lassen den anderen ausreden.

An diese Regeln werden wir uns alle halten.

(Datum, Unterschriften)

Besprechen Sie Ihre Streitregeln im Familienkreis, berücksichtigen Sie dabei auch Verbesserungsvorschläge. Besonders die Kinder sollten am Ende der „Vertragsverhandlungen" das Gefühl haben, dass die Streitregeln nicht von oben verordnet wurden, sondern dass sie selbst diese Regeln mitbestimmt haben. Dies wird dann feierlich dadurch dokumentiert, dass alle Familienmitglieder die Regeln unterschreiben.

Es empfiehlt sich, die einzelnen Regeln nicht nur aufzuschreiben, sondern für die Familienmitglieder, die noch nicht lesen können, auch aufzumalen: Die erste Streitregel könnte zum Beispiel mithilfe eines boxenden Strichmännchens dargestellt werden, das dick durchgestrichen ist. Wichtig: Stellen Sie nicht zu viele Regeln auf, sonst wird es zu kompliziert, sie einzuhalten. Beschränken Sie sich auf drei bis fünf Punkte, die wirklich wichtig sind (Gewaltfreiheit, keine groben Beschimpfungen und so weiter).

Ob beim Konflikt in der Familie oder untereinander: Kinder sollten zu kompetenten Streitern werden, sich also ein möglichst differenziertes Repertoire günstiger Lösungsstrategien aneignen. Konflikte müssen sein, aber sie müssen nicht aggressiv ausgefochten werden. Ziel sollte sein, dass Kinder eine Meinungsverschiedenheit austragen können, ohne Gewalt anzuwenden oder ständig nachzugeben.

## Ich-Botschaften senden

*Teilen Sie beim Streit Ihre eigenen Gefühle und Wünsche mit, indem Sie sich angewöhnen, die Sätze mit „Ich" zu beginnen: „Ich möchte gern, dass …", „Ich mag überhaupt nicht, wenn …" Solche Ich-Botschaften sind konkret, kritisieren eine Sache, greifen aber nicht den Menschen an. Der Satz „Ich möchte gern, dass du aufräumst" klingt ganz anders als „Du bist furchtbar unordentlich" oder „Wie sieht's denn hier schon wieder aus?" Auch Verallgemeinerungen wie „Ständig bist du so ungezogen" sind eher dazu geeignet, den anderen zu verletzen, als einen Konflikt konstruktiv zu lösen. Auch wenn mal richtig die Fetzen fliegen: Die Wertschätzung gegenüber dem anderen sollte auch beim Streit spürbar sein.*

**Starke Kinder vertrauen auf sich und ihre Fähigkeiten**

# Du bist wertvoll

## Selbstvertrauen und seelische Widerstandsfähigkeit fördern

*Nele, gerade fünf geworden, möchte heute alleine zum Spielplatz gehen. Sie sei jetzt alt genug, sagt sie und: „Mia kommt auch immer allein.“ Mia wohnt aber auch direkt gegenüber, denkt Neles Mutter. Nele hingegen muss zweimal links abbiegen und einmal rechts. Wie würde sie sich wohl verhalten, wenn sie sich verläuft? Wahrscheinlich irgendwo klingeln und um Hilfe bitten. Andererseits: Wir sind den Weg schon so oft gegangen, das müsste eigentlich klappen … Doch das denkt Neles Mutter alles nur; sie sagt: „Ja, da hast du recht. Ich finde es toll, dass du allein gehen möchtest. Geh du schon mal los, ich komme dann später nach und besuche dich auf dem Spielplatz, einverstanden?“ Kurze Zeit später treffen sich Nele und ihre Mutter auf dem Spielplatz wieder. Der Mutter fällt ein kleiner Stein vom Herzen und Nele erzählt voller Stolz, wie sie ganz allein den richtigen Weg gefunden hat.*

Emotionale Intelligenz macht Kinder stark. Diese Erkenntnis ist schon bemerkenswert, wenn man bedenkt, dass wir in einer Gesellschaft leben, in der Gefühle oft mit Schwäche gleichgesetzt werden. Wer seine Gefühle kennt, sie handhaben und in die Tat umsetzen kann, wer in der Lage ist, sich in andere einzufühlen und aus dieser Fähigkeit heraus soziale Beziehungen knüpft und hält – der ist hervorragend gewappnet gegen die kleinen und großen Schwierigkeiten, die das Leben so mit sich bringt.
Das ist so ähnlich wie beim Schnupfen: Genau wie der Körper ist auch die Seele Risiken ausgesetzt. Statt Viren und Bakterien attackieren sie Misserfolge, Notsituationen oder Unglücksfälle. Auch hier gibt es Kinder, die einem belastenden Ereignis, wie einem Streit oder dem Trennungsschmerz beim Eintritt in den Kindergarten, schnell hilflos gegenüberstehen. Andere hingegen „haut so leicht nichts um“. Natürlich haben auch diese Kinder Trennungsangst oder streiten sich – aber sie sind in der Lage, die kritischen Erfahrungen leichter zu meistern. Das „Immunsystem der Seele“ wird auch als Resilienz bezeichnet: Die Fähigkeit, persönliche Krisen (auch die kleinen) durch Rückgriff auf seine eigenen Ressourcen zu bewältigen.
An dieser Stelle möchten wir Ihnen deshalb noch ein paar grundlegende Empfehlungen geben, wie Sie Ihr Kind stärken können:

## 1. Zeigen Sie Ihre bedingungslose Liebe

Ein warmherziges Familienklima ist der beste Nährboden für seelische Widerstandsfähigkeit. Kinder brauchen die Wertschätzung ihrer engsten Bezugspersonen und zwar unabhängig davon, was sie leisten. Liebe ohne Wenn und Aber ist ein unerschütterliches Fundament, auf dem man sicher bauen kann. Wer weiß, dass er um seiner selbst Willen geliebt wird, einfach weil er da ist, der hat einen verlässlichen Hafen, von dem aus er die Welt erobern kann. Nicht immer ohne Angst, nicht immer mit Erfolg – jedoch immer mit dem sicheren Wissen: Egal was passiert, ob etwas schiefgeht oder ob ich Mist baue, hierher kann ich stets zurückkehren, denn hier werde ich auf jeden Fall geliebt. Dieses Wissen macht stark und selbstsicher. Es verleiht die positive Grundstimmung, die nötig ist, um mutig und glücklich das Leben zu meistern. Deshalb zeigen und sagen Sie Ihrem Kind: Du bist wertvoll und nichts kann das ändern.

## 2. Setzen Sie klare Grenzen

Bedingungslos wertschätzen heißt nicht, dass man alles toll finden soll, was das Kind so macht. Liebe schließt Kritik ein. Kinder, denen keinerlei Grenze gesetzt wird, entwickeln häufig das Gefühl, ihren Eltern gleichgültig zu sein. Stabilität ist ohne Struktur nicht möglich. Ein gewisses Maß an Grenzen und Regeln engt daher nicht ein, sondern bietet Orientierung, dient als Wegweiser durch den Alltag. Nach diesem Grundsatz entscheidet jede Familie, welche Regeln ihr wichtig sind. Gibt es zum Beispiel immer wieder Streit um die Frage, wie lange Ihr Kind fernsehen darf? Dann handeln Sie eine maximale Fernsehdauer aus. Wichtig ist, dass Sie Ihr Kind einbeziehen. Es sollte nicht das Gefühl bekommen, Sie würden willkürlich über seinen Kopf hinweg Ge- und Verbote erlassen. Natürlich bestimmen am Ende Sie, aber nicht ohne die Argumente Ihres Kindes gehört zu haben. Wichtig ist dann, dass die Regel auch wirklich gilt. Wenn Sie also vereinbart haben, dass Ihr Kind 30 Minuten am Tag fernsehen darf, dann muss es die halbe Stunde auch wirklich zur Verfügung haben. Selbstverständlich wird Ihr Kind auch mal die Grenze missachten. Dann dürfen Sie durchaus Klartext sprechen: „Ich bin stinksauer, weil du dich nicht an unsere Absprache gehalten hast.“ Dieser Satz kritisiert das konkrete Verhalten Ihres Kindes, nimmt ihm aber weder seine Würde noch das Gefühl, grundsätzlich geliebt zu werden.

**Grenzen sollten nicht starr sein, sondern sich an den jeweiligen Bedürfnissen der Familienmitglieder orientieren – und diese ändern sich im Laufe der Zeit. Die besten Regeln wachsen mit!**

## 3. Ermöglichen Sie Ihrem Kind Erfolge

Kinder wollen selbstständig werden, doch manchmal hindern wir sie daran, ohne es zu wollen. So kennen wir doch wahrscheinlich alle den Impuls, unserem Kind beim Anziehen helfen zu wollen, wenn wir sehen, wie es sich mit seiner Strumpfhose abquält. Doch es wäre günstiger, diesen „Helferimpuls“ zumindest eine Zeit lang zu unterdrücken. Bestimmt ist es möglich, eine Viertelstunde früher aufzustehen und die so gewonnenen 15 Minuten dem Kind und seinem Kampf mit der Strumpfhose zur Verfügung zu stellen. Anfangs wird sie nicht perfekt sitzen, doch von Mal zu Mal klappt es besser, und jeder kleine Teilerfolg zeigt dem Kind: Das habe ich jetzt ganz allein geschafft, weil ich mich angestrengt habe. Ich kann selbst etwas bewirken.

## 4. Trauen Sie ihrem Kind etwas zu

Sie könnten ihm zum Beispiel Aufgaben in der Hausarbeit anvertrauen (je nach Alter: Tisch decken, Obst schneiden, Brötchen kaufen gehen). Loben Sie Ihr Kind, wenn es seine „Arbeit“ erledigt hat. So führen Sie ihm seine Erfolge vor Augen und zeigen ihm, dass Sie stolz auf Ihr Kind sind. Bedanken Sie sich für seine Mithilfe und stellen Sie heraus, dass Sie sein Engagement wertschätzen: „Toll, wie du den Tisch gedeckt hast. Du bist mir eine große Hilfe, danke dafür, dass du mir die Arbeit abgenommen hast.“ Auf diese Weise zeigen Sie ihm, dass es einen kostbaren Beitrag zu Ihrem Familienleben geleistet hat. Unterstützen Sie auch Eigeninitiativen Ihres Kindes, so gut es geht. Gießt Ihr Kind gerne die Blumen? Vielleicht möchte es seinen eigenen Balkonkasten mit Blumen bepflanzen oder Küchenkräuter einsäen und dafür dann die Verantwortung übernehmen.

**Kinder brauchen Herausforderungen, um ihre Fähigkeiten auszutesten und zu erweitern. Deshalb sollten Eltern ihnen nicht alle Wünsche erfüllen und jedes Hindernis aus dem Weg räumen.**

## 5. Ermutigen Sie Ihr Kind

Natürlich gibt es auch Rückschläge und Misserfolge. Dann zeigen Sie Ihrem Kind, was positives Denken ist: „Super, dass du dir solche Mühe gegeben hast. Bestimmt klappt es morgen ein bisschen besser.“ Wenn es dann besser klappt, führen Sie ihm vor Augen, dass seine Leistungssteigerung kein Zufall ist, sondern das Ergebnis seiner Anstrengung. Ein toller Hecht ist nicht, wem immer alles gelingt; ein toller Hecht ist, wer sich von seinen Misserfolgen nicht entmutigen lässt. Stellen Sie Rückschläge auch in Relation zu den vielen Erfolgen Ihres Kindes: „Okay, heute ist dir ein Glas runtergefallen, aber gestern und vorgestern hast du mir auch beim Tischdecken geholfen und da hat alles super geklappt. Ab und zu geht halt mal was schief.“

# Informations- und Beratungsmöglichkeiten

**Deutsche Liga für das Kind in Familie und Gesellschaft e.V.**
Charlottenstraße 65, 10117 Berlin
Tel.: 030/28 59 99 70
E-Mail: post@liga-kind.de
www.liga-kind.de

Ein Angebot ist das Präventionsprogramm „Kindergarten Plus", das Eltern und Erzieher befähigen möchte, die kindliche Persönlichkeit zu stärken.

**Bundeskonferenz für Erziehungsberatung e.V.**
Herrnstraße 53, 90763 Fürth
Tel.: 0911/9 77 14 - 0
E-Mail: bke@bke.de
www.bke.de

Hier können Sie bundesweit nach Erziehungs- und Familienberatungsstellen in Ihrer Nähe suchen. Mit kostenloser Online-Beratung.

**Deutscher Kinderschutzbund Bundesverband e.V.**
Bundesgeschäftsstelle
Schöneberger Straße 15 , 10963 Berlin
Tel.: 030/214 809 - 0
E-Mail: info@dksb.de
www.dksb.de

Der Verein bietet unter anderem die Elternkurse „Starke Eltern – Starke Kinder" an.

**Staatsinstitut für Frühpädagogik**
Eckbau Nord
Winzererstraße 9, 80797 München
Tel.: 089/998251900
E-Mail: kontakt@ifp.bayern.de
www.familienhandbuch.de

Das Online-Familienhandbuch gibt qualifizierte Antworten auf alltägliche, aber auch besondere Erziehungsfragen. Das Angebot für Eltern ist kostenlos.

# Zum Weiterlesen

## Bücher für Kinder

**Philip Waechter**
**Rosi in der Geisterbahn**
Beltz 2013

Rosi ist ein liebenswerter Hase. Und wie sich im Verlauf dieser Geschichte zeigt, auch ein sehr mutiger, denn Rosi weiß sogar, wie man Alpträume und Monsterangst besiegt. Und das schafft sie, selbst wenn ihr Hasenherz dabei bis zum Halse klopft. *Ab 3 Jahren*

**Isabel Abedi**
**Blöde Ziege - Dumme Gans**
*Alle Bilderbuchgeschichten*
Ars Edition 2009

Sie zanken und versöhnen sich: Ziege und Gans sind für Kinder die besten Vorbilder, wenn es um das Lösen von Konflikten geht. Denn hier kommt jede „Partei" zu Wort. Das Konzept des Perspektivenwechsels ist seit Jahren erfolgreich. *Ab 3 Jahren*

**Dagmar Geisler**

### Wohin mit meiner Wut?

Loewe Verlag 2012

Ein tolles Bilderbuch, das zum Gespräch über Wut einlädt: warum man Wut haben kann, wie sie sich anfühlt und was man alles tun kann, um sie wieder loszuwerden. *Ab 4 Jahren*

**Holde Kreul**

### Ich und meine Gefühle

Loewe Verlag 2011

Kennst du deine Gefühle?, fragt dieses Buch. In ausdrucksstarken Bildern und kurzen Texten thematisiert es verschiedene Emotionen wie Traurigkeit, Freude, Eifersucht oder Angst. *Ab 5 Jahren*

**Heike Löffel und Christa Manske**

### Ein Dino zeigt Gefühle, Teil 1 und 2

Mebes & Noack 2009/2012

Der Titel dieser empfehlenswerten Reihe ist wörtlich zu verstehen: In jedem der beiden Bücher werden zwölf Gefühle gezeigt – von einem liebenswerten Dinosaurier. Dazu gibt es auch Text, jedoch keine Geschichte, sondern Schlagworte und kurze Sätze als Anregung, um mit Kindern ins Gespräch zu kommen. Ein Begleitheft mit Tipps zum Einsatz der Bücher liegt bei. Dazu erhältlich ist auch **Ein Dino zeigt Gefühle (Die Box)**. Das Set enthält alle 24 Gefühle der Bücher als Memokarten und Legetafeln, die für Ratespiele oder Pantomime verwendet werden können. *Ab 4 Jahren*

**Mies van Hout**

### Heute bin ich …

Aracari 2012

Dieses Bilderbuch stellt verschiedene Gefühle mithilfe leuchtend bunter Fische dar. Jeder Fisch zeigt eine andere Emotion und bietet Eltern viele Möglichkeiten, mit ihren Kindern über Gefühle zu reden. *Ab 3 Jahren*

## Bücher für Erwachsene

**Gerhard Friedrich, Renate Friedrich, Viola de Galgóczy**

### Mit Kindern Gefühle entdecken

*Ein Vorlese-, Spiel- und Mitsingbuch*

Beltz 2008

Im Mittelpunkt dieses Buches stehen die Abenteuer der Krähe Rabine. Jede Geschichte thematisiert ein anderes Gefühl und wird ergänzt mit Gedichten, Spielen und Liedern. Dazu gibt es didaktische Tipps und Hintergrundwissen, gut verständlich aufbereitet. Eine CD mit Begleitliedern liegt bei.

**Karl Gebauer**

### Gefühle erkennen – sich in andere einfühlen

*Kindheitsmuster Empathie. Ein Bilder-Buch*

Beltz 2011

Das Buch zeigt mithilfe vieler Fotos und darauf abgestimmter Texte, wie Kinder miteinander und zu Erwachsenen in Beziehung treten. Obwohl es kein Erziehungsratgeber im klassischen Sinne ist, liefert es doch für Eltern jede Menge Aufschluss über die Entwicklung der Empathiefähigkeit.

**Daniel Goleman**

### EQ. Emotionale Intelligenz

Deutscher Taschenbuch Verlag 2013

Der Bestseller, der den Begriff „Emotionale Intelligenz“ populär gemacht hat. Das Buch richtet sich nicht explizit an Eltern, sondern an alle, die sich grundlegend mit dem Thema und seiner Bedeutung für unsere Gesellschaft beschäftigen möchten.

**Charmaine Liebertz**

### Das Schatzbuch der Herzensbildung

*Grundlagen, Methoden und Spiele zur emotionalen Intelligenz*

Don Bosco 2012

Dieses Buch widmet sich ausführlich jedem Baustein der emotionalen Intelligenz, erklärt diese feinfühlig und leicht verständlich, liefert eine Fülle an Hintergrundwissen, viele Tipps und Ideen sowie einen Fundus an Spielen.

**Mehr Zeit für Kinder e.V. und Barmer GEK (Hg.)**

### Kluge Gefühle

*Familienratgeber zur Förderung der emotionalen Intelligenz*

2005

Hervorragender Ratgeber mit Hintergrundinfos, Wissenswertem und vielen alltagstauglichen Hinweisen und Tipps für Eltern.

**Mehr Zeit für Kinder e.V. und Barmer GEK (Hg.)**

### Du bist mir wichtig!

*Sicher und geborgen in die Welt hinaus*

2012

Wie gebe ich meinem Kind Halt und Bestätigung? Wie viel Freiraum braucht es, wie viele Grenzen? Einfühlsam, verständlich und alltagsorientiert erklären Experten aus Entwicklungspsychologie, Hirnforschung und Verhaltensbiologie, wie man Stabilität und Selbstvertrauen stärken kann.

**Rosemarie Portmann**

### Die 50 besten Spiele zur emotionalen Intelligenz

Don Bosco 2013

Schöne Spielideen zu den Themen Gefühle wahrnehmen, Einfühlungsvermögen, Gefühle kontrollieren, Situationen richtig einschätzen, Freundschaften schließen.

## Der Autor

Sebastian Bröder, Jahrgang 1969, ist freier Journalist und Autor. Er arbeitet für Zeitschriften und Online-Publikationen, seine Schwerpunkte sind Sozialreportagen, Porträts und Artikel zum Themenkomplex „Kinder, Familie und Erziehung". Sebastian Bröder hat eine Tochter und lebt mit seiner Familie in Gütersloh.

## Impressum

„Du verstehst mich nicht!" ist ein Sonderprodukt der Zeitschrift *mobile* und des Internetauftritts www.mobile-elternmagazin.de.


www.herder.de

**Titelfoto**: Corbis
**Fotos Innenteil:**
Seite 4, 24, 36, 50: Corbis
Seite 6: altanaka – Fotolia
Seite 9: mauritius images
Seite 12, 18, 20, 44: Getty Images
Seite 15: photophonie – Fotolia
Seite 30: Vlad – Fotolia
Seite 39: Thinkstock – Kollektion iStock
Seite 40: lassedesignen – Fotolia
Seite 48: Bernd Libbach – Fotolia
Seite 56: Claudia Paulussen – Fotolia

**Illustrationen:** Julia Dürr, www.juliaduerr.net
**Layoutkonzept:** Manuela Wiedensohler, www.schwarzwald-maedel.de
**Satz und Layout:** Arnold & Domnick, Leipzig
**Herstellung:** Graspo CZ, Zlín
Printed in the Czech Republik

ISBN 978-3-451-00681-4

FSC
www.fsc.org
MIX
Paper from responsible sources
FSC® C010798